# MAREMOTO

# SEAQUAKE

# MAREMOTO

# SEAQUAKE

## POEMS BY PABLO NERUDA

TRANSLATED BY
MARIA JACKETTI & DENNIS MALONEY

WHITE PINE PRESS

Publication of this book
was made possible, in part, by grants from the
New York State Council on the Arts
and the
National Endowment for the Arts.

Published by
White Pine Press
10 Village Square
Fredonia, New York 14063

Cover photograph: Alicia D'Amico
Neruda entrado al bar
de su casa en Isla Negra

ISBN 1-877727-32-6

Printed in the United States of America

9  8  7  6  5  4  3  2  1

# MAREMOTO

# SEAQUAKE

# CONTENTS

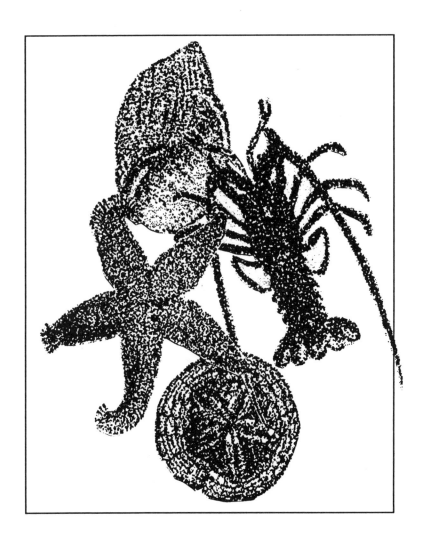

# MAREMOTO

# SEAQUAKE

# INTRODUCTION

*Seaquake* (*Maremoto*) is a celebration of the sea, its creatures, and its constant renewal. Inspired by Neruda's long walks along the Chilean coast near his home at Isla Negra, it shares a kinship with his books *The House in the Sand* and *The Stones of Chile.*

Chilean writer Marjorie Agosín has said of Neruda, "We were accustomed to seeing him in the morning, contemplating the Pacific Ocean for hours . . . Here Neruda would write, filling enormous notebooks with green ink. His poetry took root here, returning to the continual rebirth of the sea."

The poems in *Seaquake* were written in 1969 and published in a very limited edition in 1970 with woodcuts by Swedish artist Carin Oldfelt Hjertonsson. Because of the limited edition, the book was forgotten and not included in the Neruda bibliographies. In 1990, the book was rediscovered in the Neruda library at his home in Santiago and was published in Chile in 1991. This marks its first publication in English.

# MAREMOTO

# SEAQUAKE

## MAREMOTO

Los relojes del mar,
las alcachofas,
las alcancías con sus llamaradas,
los bolsillos del mar
a manos llenas,
las lámparas del agua,
los zapatos, las botas
del océano,
los cefalópodos, las holoturias,
los recalcitrantes cangrejos,
ciertos peces que nadan y suspiran,
los erizos que salen
de los castaños del profundo mar,
los paraguas azules del océano,
los telegramas rotos,
el vals sobre las olas,
todo me lo regala el maremoto.

# SEAQUAKE

The clocks of the sea,
the artichokes,
the blazing money boxes,
the pockets of the sea
full of hands,
the lamps of water,
the shoes and boots
of the ocean,
the mollusks, the sea cucumbers,
the defiant crabs,
certain fish that swim and sigh,
the sea urchins that leave
the deep sea's chestnuts,
the ocean's azure umbrellas,
the broken telegrams,
the waltz over waves,
the seaquake gives all of this to me.

Las olas regresaron a la Biblia:
hoja por hoja el agua se cerró:
volvió al centro del mar toda la cólera,
pero entre ceja y ceja me quedaron
los variados e inútiles tesoros
que me dejó su amor desmantelado
y su rosa sombría.

The waves returned to the Bible:
page by page the water closed:
all anger returned to the sea's center,
but between my eyes remain
the varied and useless treasures
left to me, the sea's dismantled love
and shadowy rose.

Toquen este producto:
aquí mis manos trabajaron
diminutos sarcófagos de sal
destinados a seres y substancias,
feroces en su cárdena belleza,
en sus estigmas calcáreos,
fugaces
porque se alimentarán
nosotros y otros seres
de tanta flor y luz devoradoras.

Lo que dejó en la puerta el maremoto,
la frágil fuerza, el ojo submarino,
los animales ciegos de la ola,
me inducen al conflicto,
al ven y ven y aléjate, oh tormento,
a mi marea oculta por el mar.

Touch this harvest:
here my hands worked
diminutive tombs of salt
destined for beings and substances,
ferocious in their livid beauty,
in their limestone stigmas,
fugitives,
because they will feed us
and other beings
with so much flowering and devouring light.

What the seaquake left at the door,
the fragile strength, the submarine eye,
the blind animals of the wave,
induce me into conflict,
Come! And come! Bid farewell! Oh tempest,
to my tide hidden by the sea.

Mariscos resbalados en la arena,
brazos resbaladizos,
estómagos del agua,
armaduras abiertas a la entrada
de la repetición y el movimiento,
púas, ventosas, lenguas,
pequeños cuerpos fríos,
maltratados
por la implacable eternidad del agua,
por la ira del viento.

Cockles spilled on the sand,
slippery arms,
stomachs of water,
armor open at the entrance
of the repetition and the movement,
quills, suction cups, tongues,
little cold bodies,
abused
by the implacable eternity of water,
by the anger of the wind.

Ser y no ser aquí se amalgamaron
en radiantes y hambrientas estructuras:
arde la vida y sale
a pasear un relámpago la muerte.
Yo sólo soy tetigo
de la electricidad y la hermosura
que llenan el sosiego devorante.

Here, being and not being were combined
in radiant and hungry structures:
life burns and death passes
like a flash of lightning.
I am the only witnesss
to the electricity and the splendor
that fills the devouring calm.

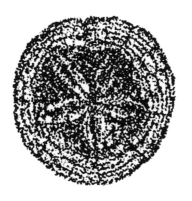

## PICOROCO

El Picoroco encarcelado
está en una torre terrible,
saca una garra azul, palpita
desesperado en el tormento.

Es tierno adentro de su torre:
blanco como harina del mar
pero nadie alcanza el secreto
de su frío castillo gótico.

# THE PICOROCO

The picoroco, imprisoned
in a terrible tower,
extends a blue claw, palpitates,
desperate in the storm.

The picoroco is tender inside its tower
white as flour of the sea
but no one can reach the secret
of its cold gothic castle.

Picoroco - A Chilean shellfish

## ALGA

Yo soy un alga procelaria
combatida por las mareas:
me estremecieron y educaron
los movimientos del naufragio
y las manos de la tormenta:
aquí tenéis mis flores frías:
mi simulada sumisión
a los dictámenes del viento:
porque yo sobrevivo al agua,
a la sal, a los pescadores,
con mi elástica latitud
y mi vestidura de yodo.

# SEAWEED

I am the seaweed of the storm
dashed by the surf;
the stirrings of shipwrecks
and the storm's hands
moved and instructed me;
here you have my cold flowers,
my simulated submission
to the wind's judgment:
I survive the water,
the salt, the fishermen,
with my elastic latitude
and my vestments of iodine.

# ERIZO

El Erizo es el sol del mar,
centrífugo y anaranjado,
lleno de púas como llamas,
hecho de huevos y de yodo.

El Erizo es como el mundo:
redondo, fragil, escondido:
húmedo, secreto y hostil:
el Erizo es como el amor.

# THE SEA URCHIN

The sea urchin is the sun of the sea,
centrifugal and orange,
full of quills like flames,
made of eggs and iodine.

The sea urchin is like the world:
round, fragile, hidden;
wet, secret, and hostile,
the sea urchin is like love.

## ESTRELLAS

Cuando en el cielo las estrellas
desestiman el firmamento
y se van a dormir de día,
las estrellas de agua saludan
al cielo enterrado en el mar
inaugurando los deberes
del nuevo cielo submarino.

## STARFISH

When the stars in the sky
ignore the firmament
and go off to sleep by day,
the stars of the water greet
the sky buried in the sea,
inaugurating the duties
of the new undersea heavens.

# CONCHAS

Conchas vacías de la arena
que dejó el mar cuando se fue,
cuando se fue el mar a viajar,
a viajar por los otros mares.


Dejó las conchas marineras,
pulidas por su maestría,
blancas de tanto ser besadas
por el mar que se fue de viaje.

# SHELLS

Empty shells of the sand
abandoned by the sea when it receded,
when the sea left to travel,
to travel through other seas.

The ocean cast off  shells
polished by its mastery,
whitened by so many kisses
from the waves that left to travel.

## LANGOSTINO

Alto! casuales leopardos
de las orillas, asaltantes
curvos como alfanjes rosados
de la crudeza submarina,
mordiendo todos a la vez,
ondulando como la fiebre
hasta que caen en la red
y salen vestidos de azul
a la catástrofe escarlata.

# CRAYFISH

Stop! Casual leopards
of the seashore, curved
assailants like rosy swords
from the undersea roughness,
all biting at the same time,
undulating like fever
until they all tumble into the net
and exit dressed in blue
destined for scarlet catastrophe.

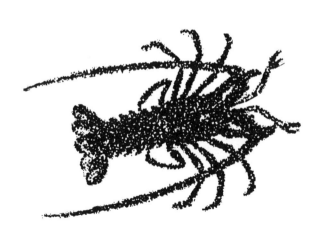

# CARACOLA

La caracola espera el viento
 acostada en la luz del mar:
quiere una voz de color negro
que llene todas las distancias
como el piano del poderóo,
como la bocina de Dios
para los textos escolares:
quiere que soplen su silencio:
hasta que el mar inmovilice
su amarga insistencia de plomo.

# CONCH SHELL

The conch shell awaits the wind
asleep in the sea's light:
it wants a black-colored voice
that may fill all the distances
like the piano of the powerful,
like God's horn
for the scholarly books:
it wants to blow away their silence
until the sea immobilizes
their bitter insistence of lead.

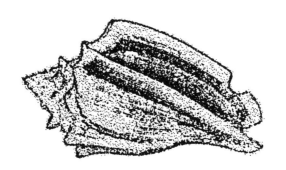

# FOCA

El nudo de la zoología
es esta foca funcional
que vive en un saco de goma
o en la luz negra de su piel.


Circulan adentro de ella
los movimientos inherentes
a la monarquía del mar
y se ve a este ser encerrado
en la gimnasia del tormento
descubrir el mundo rodando
por las escaleras de hielo
hasta mirarnos con los ojos
más penetrantes del planeta.

# SEAL

The knot of zoology
is this functional seal
that lives in a sack of rubber
or inside the black light of its skin.

Inside of her,
inherent movements circulate
to the sea's kingdom
and one sees this enclosed being
in the storm's gymnasium,
discovering the world encircled
by staircases of ice,
until she gazes at us
with the planet's most penetrating eyes.

## ANEMONA

La flor del peñasco salado
abre y cancela su corona
por la voluntad de la sal,
por el apetito del agua.

Oh corola de carne fría
y de pistilos vibradores
anémona viuda, intestino.

# THE SEA ANEMONE

The flower of the salty boulder
opens and cancels its crown
by the will of salt
with water's appetite.

Oh corolla of cold flesh
and vibrating pistils,
widow-anemone, intestine.

## JAIVA

La Jaiva color de violeta
acecha en un rincón del mar:
sus tenazas son dos enigmas:
su apetito es un agujero.


Luego agoniza su armadura
en la sopera del infierno
y ahora no es más que una rosa:
la rosa roja comestible.

## JAIVA

The violet-colored crab
lurks in the corner of the sea:
its pincers are the two enigmas:
its appetite is an abyss.

Later its armor agonizes
in a hellish soup bowl
and now it is nothing more than a rose:
the delectable red rose.

# DELFIN DE BRONCE

Si cayera al mar el Delfín
se iría al fondo, caería
con su volumen amarillo.


Entre los peces de verdad
sería un objeto extranjero,
un pez sin alma y sin idioma.


Hasta que el mar lo devorara
royendo su orgullo de bronce
y convirtiéndolo en arena.

# THE BRASS DOLPHIN

If the dolphin fell into the sea
it would sink to the bottom, plummet
with its yellow weight.

Among true fish
it would be a foreign object,
a fish without soul, without language

until the sea devoured it,
gnawing on its brass pride,
converting it to sand.

# PULPOS

Oh pulpo, oh monje encarnizado,
la vibración de tu atavió
circula en la sal de la roca
como un satánico desliz.
Oh testimonio visceral,
ramo de rayos congelados,
cabeza de una monarquía
de brazos y presentimientos:
retrato del escalofrío,
nube plural de lluvia negra.

# OCTOPUS

Octopus, oh blood-colored monk,
the fluttering of your robe
circulates on the salt of the rock
like a satanic slickness.
Oh visceral testimony,
branch of congealed rays,
monarchy's head
of arms and premonitions:
portrait of the chill,
plural cloud of black rain.

# SOL DE MAR

Yo encontré en Isla Negra un día
un sol acostado en la arena,
un sol centrífugo y central
cubierto de dedos de oro
y ventosas como alfileres.

Recogí el sol enarenado
y levantándolo a la luz
lo comparé con el del cielo.

No se miraron ni se vieron.

# SUN OF THE SEA

One day at Isla Negra I found
a sun sleeping in the sand,
a centrifugal and central sun
covered with fingers of gold
and windswept needles.

I picked up the sandy sun
and raised it to the light,
comparing it to the sun in the sky.

They didn't see each other.

# ALBACORAS

La puerta del mar custodiada
por dos albacoras marinas
se han abierto de par en mar,
se han abierto de mar en par,
se han abierto de par en par.


Las albacoras son de Iquique
y son del océano azul
que llega hasta Vladivostock
y que crece desde mis pies.


Las albacoras centinelas
de espadas longitudinales
cerraron la puerta del mar
y se disponen á velar
para que no entren los sistemas
en el desorden del océano.

## ALBACORES

The door of the sea is guarded
by two deep sea albacores.
They have opened equally to the sea,
they have opened the sea equally,
they have completely opened.

The albacores hail from Iquique;
they come from the blue ocean
that reaches as far as Valdivostock
and that swells at my feet.

The albacore sentinels
with their lengthwise swords
have closed the door of the sea
and prepared themselves to keep watch
so that order does not enter
the ocean's chaos.

## PESCADERIA

Cuelgan los peces de la cola,
brillan los peces derramados,
demuestran su plata los peces,
aún amenazan los cangrejos.
Sobre el mesón condecorado
por las escamas submarinas
sólo falta el cuerpo del mar
que no se muere ni se vende.

# FISH MARKET

Fish hang by their tails,
the spilled fish shine,
the fish display their silver,
even the crabs still threaten.
On the huge decorated table,
through the submarine scales,
only the body of the sea is missing.
It does not die; it is not for sale.

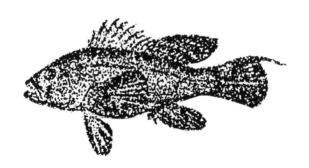

# ADIOS DE LOS PRODUCTOS DEL MAR

Volved, volved al mar
desde estas hojas!

Peces, mariscos, algas
escapadas del frío,
volved a la cintura
del Pacífico,
al beso atolondrado
de la ola, a la razón
secreta de la roca!

# FAREWELL TO THE OFFERINGS OF THE SEA

Return, return to the sea
from these pages!

Fishes, mollusks, seaweed,
escapees from the cold,
return to the waist
of the Pacific,
to the giddy kiss
of the wave, to the secret
logic of rock.

Oh escondidos,
desnudos, sumergidos,
deslizantes,
es hora
de dividirnos y separarnos:
el papel me reclama,
la tinta, los tinteros,
las imprentas, las cartas,
los cartones,
las letras y los números
se amontonaron en cubiles desde
donde
me acechan: las mujeres
y los hombres
quieren mi amor, piden mi compañía
los ninos de Petorca,
de Atacama, de Arauco,
de Loncoche,
quieren jugar también con el poeta!

Oh hidden ones,
naked ones, submerged ones,
slippery ones,
it is the time
of division and separation:
paper reclaims me,
the ink, the inkwells,
the printing presses, the letters,
the illustrations,
the characters and numbers
jumbled in riverbeds from
where
they ambush me: the women
and the men
who want my love, ask for my company,
the children from Petorca,
from Atacama, from Arauco,
from Loncoche,
who also want to play with the poet!

Me espera un tren, un buque
cargado de manzanas,
un avión, un arado,
unas espigas.

Adíos, organizados
frutos del agua, adíos
camarones vestidos
de imperiales,
volveré, volveremos
a la unidad ahora
interrumpida.
Pertenezco a la arena:
volveré al mar redondo
y a su flora
y su furia:
ahora me voy
silbando
por las calles.

A train waits for me, a ship
loaded with apples,
an airplane, a plough,
some thorns.

Goodby, harvested
fruits of the water, farewell,
imperially dressed
shrimps,
I will return, we will return
to the unity
now interrupted.
I belong to the sand:
I will return to the round sea
and to its flora
and to its fury:
but for now—I'll wander
whistling
through the streets.

# COLOPHON

*Seaquake* (*Maremoto*) is published in an edition of two thousand copies to commemorate the twentieth anniversary of Neruda's death and the twentieth anniversary of White Pine Press.

## DATE DUE